Titoli di Saggistica di Janvier T. Chando

ICONE E CATTIVI: I Recenti Omicidi Politici che Hanno Trasformato…
CAMERUN: Il Sistema di Marionette Disfunzionali della Francia…
EROI CADUTI: I Leader Africani i cui Assassinazioni…
UCRAINA: Il Tiro Alla Fune Tra Russia e Occidente
CAMERUN: Il Cuore Infestato dell'Africa

Titoli di Finzione di Janvier Chando

L'Usurpatore: e Altre Storie
Agente Triplo, Doppia Cro…
Discepoli della Fortuna
L'Unione Muzhik
Il Flash del Sole
La Chiamata della Fortun…
Il Maestro della Fortuna
I Figli della Fortuna
Lo Prima di Loro
La Leggenda di Fuoco e Ghiaccio
Le Nonne e l'Amore Perfetto
Le Sfumature del Fuoco
Il Fuoco della Fame
La Più Dolce Follia
Padre e Figli
Il Dottore
Tonalità Scure
Legami Fatidici
Il Verdetto dell'Ade
La Prova di sua Maestà
Follia di Ngoko
L'Usurpatore
La Dote
Sono odiato
L'Allocco

Prossimi Titoli di Janvier Chando

Il Falco Bianco
I Incostante di Casa
Gli Orsi di Norilsk
Gli Amici Mortali

ANCHE I SUOI NEMICI PIANGEVANO:

L'Assassinio di Yitzhak Rabin d'Israele

Janvier T. Chando

TISI BOOKS

NEW YORK, RALEIGH, LONDRA, AMSTERDAM

PUBBLICATO DA TISI BOOKS
www.tisibooks.com

ISBN-13: 979-8-74-381234-9
ISBN-10: 8-74-381234-1

PUBBLICATO DA TISI BOOKS
www.tisibooks.com

NEW YORK, RALEIGH, LONDRA, AMSTERDAM

Stampato negli Stati Uniti d'America

Riconoscimento

Parole speciali di apprezzamento a Christopher N. Chando e alla zia Anna Mapajane Chitja per aver aperto la porta e aver fornito informazioni sull'intricata natura del pantano Arabo-Israeliano.

Dedica

Il libro è dedicato a tutti i leader iconici e leggendari dell'Africa, il cui scopo era quello di servire il loro popolo e il mondo e promuovere il benessere dell'umanità, in particolare quelli che non potevano realizzare le loro missioni storiche perché furono uccisi dalle forze del male di questo mondo.

ANCHE I SUOI NEMICI PIANGEVANO:

L'Assassinio di Yitzhak Rabin d'Israele

Citazioni di Yitzhak Rabin

"Non fai pace con gli amici. Ce la fai con nemici molto sgradevoli."

"Dobbiamo pensare in modo diverso, guardare le cose in un modo diverso. La pace richiede un mondo di nuovi concetti, nuove definizioni."

"Di tutte le mani del mondo, non era la mano che volevo o sognavo di toccare, ... Noi, i soldati che tornati dalla battaglia macchiati di sangue; noi che abbiamo visto i nostri parenti e amici uccisi davanti ai nostri occhi; noi che abbiamo assistito ai loro funerali e non possiamo guardare negli occhi i loro genitori; noi che siamo venuti da una terra dove i genitori seppelliscono i loro figli; noi che abbiamo combattuto contro di voi, i Palestinesi - vi diciamo oggi a voce alta e chiara: Basta con il sangue e le lacrime. Basta ... È giunto il momento della pace."

"Basta con il sangue e le lacrime. Basta!"

"Una pace diplomatica non è ancora la vera pace. È un passo essenziale nel processo di pace che porta verso una vera pace."

"Non c'è modo di trovare una via di mezzo, anche con le

migliori intenzioni del mondo. La nostra politica più sensata è quella di stallo."

"Ho considerato la prevenzione della guerra come il test della nostra politica di sicurezza; oltre a essere in grado di porre fine a qualsiasi guerra che ci viene imposta rapidamente e con forza."

"Credo, tuttavia, che la pace sia raggiungibile indipendentemente dalla mentalità, dalla società o dal governo degli arabi."

"Dobbiamo passare un anno nel nostro rapporto con gli Stati Uniti camminando in punta di piedi. Se superiamo con successo l'anno 1975 e arriveremo al 1976, guadagneremo non un anno ma due."

"Israele ha un principio importante: è solo Israele che è responsabile della nostra sicurezza."

"Vorrei che Gaza sprofondasse nel mare, ma ciò non accadrà e bisogna trovare una soluzione."

"Nessun governante Arabo prenderà seriamente in considerazione il processo di pace fintanto che sarà in grado di giocherellare con l'idea di ottenere di più attraverso la violenza."

"Non ci fermeremo finché non raggiungeremo un accordo permanente [con i Palestinesi] che assicuri un futuro sicuro per i nostri bambini e che ci fornisca una rinnovata speranza di vivere in una regione dove le persone conducono una vita di cooperazione e non, Dio non voglia, dove viene versato il sangue."

"[I Palestinesi] non hanno in passato e non costituiscono oggi una minaccia esistenziale per lo stato di Israele."

"C'è solo un mezzo radicale per santificare le vite umane. Non corazzate, carri armati, aerei o fortificazioni in cemento. L'unica soluzione radicale è la pace."

"Non vale la carta su cui è scritto a meno che non sia sostenuto dal tipo di forza che farà considerare l'altra parte le sanzioni troppo pesanti per rompere l'accordo."

"Siamo rimasti tutti sorpresi di quanto sia andato liscio, rispetto a ciò che ci si aspettava. La società Israeliana ha impiegato tempo, 10 anni, per diventare matura per una simile mossa."

"Credo che sia mia responsabilità come primo ministro di Israele fare tutto ciò che può essere fatto per sfruttare le opportunità uniche che ci aspettano per andare verso la pace. Non tutto può essere fatto con un atto."

"[I Palestinesi] non hanno fatto in passato e non costituiscono nel presente una minaccia esistenziale per lo Stato di Israele."

"C'è solo un mezzo radicale per santificare la vita umana. Non placcatura blindata, o carri armati, o aerei, o fortificazioni di cemento. L'unica soluzione radicale è la pace.

"Non vale la carta su cui è scritto a meno che non sia sostenuto dal tipo di forza che renderà l'altra parte considerare le sanzioni troppo pesanti per rompere l'accordo."

"Siamo rimasti tutti sorpresi da quanto sia andato liscio, rispetto a quello che ci si aspettava. Ci sono voluti 10 anni alla società israeliana per diventare matura per una tale mossa.

"Credo che sia mia responsabilità, in qualità di primo ministro d'Israele, fare tutto il possibile per sfruttare le opportunità uniche che ci attendono per andare verso la pace. Non tutto può essere fatto con un atto.

Contenuto

Mappe

Israele su una mappa del mondo

Mappe di Palestina, Israele e Territori Occupati nel tempo

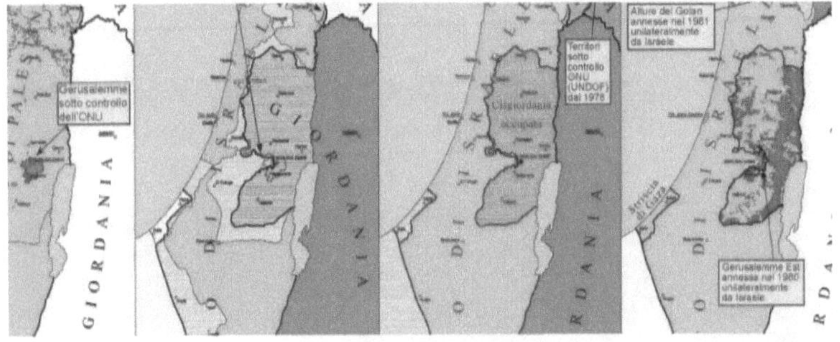

Israele, Gaza, West Bank e Golan

Introduzione

Nella mia ricerca della risposta al motivo per cui esistono alcuni punti di crisi geopolitici nel mondo, nella mia curiosità di conoscere la / e ragione / e per cui alcuni paesi e il mondo in generale hanno subito cambiamenti improvvisi e drammatici che hanno portato alla guerra, all'instabilità o al riorientamento del loro le politiche interne ed estere che non solo hanno influenzato questi paesi, ma influenzano anche determinate regioni o il mondo intero, ho esplorato omicidi politici negli ultimi dozzine di decenni che hanno cambiato il nostro mondo. Con il nostro mondo intendo le nostre comunità, paesi, regioni e l'umanità nel suo insieme.

Nel trattare i diversi omicidi avvenuti nel corso degli anni, ho usato un approccio caratterizzato dalla sociologia politica, in cui ho analizzato in modo succinto i fattori storici e sociali che non solo hanno portato agli omicidi, ma che sono nati anche dall'uccisione di queste figure storiche. E da questi fattori, ci viene presentata un'idea o immagini di come la società colpita si è evoluta dall'evento o dagli eventi traumatici.

Dai contraccolpi che hanno seguito l'assassinio di personaggi storici, leggendari o iconici, possiamo imparare qualcosa di utile e inventare scenari o cosa aspettarci come calamità se determinati leader vengono assassinati, e quindi agire di conseguenza nel prevenire i loro assassinii.

Capitolo Uno

Yitzhak Rabin

Yitzak Rabin

Yitzhak Rabin è nato a Gerusalemme il 1 ° Marzo 1922, in quello che allora faceva parte del mandato della Società delle Nazioni di Palestina, ed è diventato il primo primo ministro Israeliano nativo, e il primo nella sua storia ad essere assassinato quando il 4 Novembre 1995 Yigal Amir, un venticinquenne ultranazionalista ed Ebreo fanatico religioso contrario agli accordi di Oslo del 1993, gli ha sparato a bruciapelo alla fine di una manifestazione a favore della pace organizzata a Tel Aviv.

Gli Accordi di Oslo, a cui si oppongono gruppi radicali sia nelle società Israeliana che in quella Palestinese, sono un insieme di accordi tra il governo di Israele e l'Organizzazione per la liberazione della Palestina (OLP) che ha avviato il processo di pace che mira a raggiungere un trattato di pace Israele e Palestinesi sulla base delle risoluzioni 242 e 338 del Consiglio di sicurezza delle Nazioni Unite. Ci si aspettava che gli accordi di Oslo culminassero nell'adempimento del "diritto del popolo Palestinese all'autodeterminazione."

L'assassinio di Yitzhak Rabin da parte del giovane fanatico Ebreo sollevava inevitabilmente la questione se i sacrifici che era pronto a condurre Israele a compiere per raggiungere la pace con i vicini popoli di lingua araba e gli stati arabi non fossero troppo per la società Israeliana.

Yitzhak Rabin stava scontando il suo secondo mandato non consecutivo come Primo Ministro di Israele prima del suo assassinio. Il mandato iniziato nel 1992 avrebbe dovuto terminare nel 1996, che è l'anno in cui ci si aspettava che avrebbe cercato la rielezione come candidato del partito laburista per portarlo alla vittoria nelle elezioni generali.

Considerato da molti esperti come il più grande stratega di tutti i generali nella storia dell'Israele moderno e classificato tra i tre più grandi generali di Israele, il cupo Yitzhak Rabin non fu solo il primo primo ministro di Israele nativo, fu il secondo a muore in carica dopo Levi Eshkol, e l'unico primo ministro nella storia di Israele che è stato assassinato.

Yitzhak Rabin è entrato nella scena politica Israeliana dopo la guerra (dei sei giorni) del 1967 che Israele vinse in sei giorni mettendo in rotta gli eserciti di Egitto, Siria e Giordania, e catturando e occupando i loro territori. È stata una guerra che ha progettato e diretto come 7 ° Capo di Stato Maggiore delle Forze di Difesa Israeliane (IDF). Ha continuato a servire come ambasciatore Israeliano negli Stati Uniti d'America dal 1968 al 1973, prima di diventare Primo Ministro di Israele dal 1974-1977, segnando una fase fondamentale nella sua trasformazione in grande statista.

In qualità di quinto Primo Ministro Israeliano, era rispettato a livello internazionale ed era considerato un eroe sacro dai sostenitori del movimento per la pace in Israele, che lo consideravano non solo il generale che salvò Israele in tempo di guerra, ma anche come il leader del paese che ha iniziato il processo di pace con i Palestinesi.

Capitolo Due

In che modo Yitzhak Rabin si è trasformato da generale a pacificatore?

La risposta parte dalla sua nascita. Nato al Shaare Zedek Medical Center di Gerusalemme da immigrati Ebreo-ucraini della Terza Aliyah, la terza ondata di immigrazione Ebraica in Palestina dall'Europa, i suoi genitori si sarebbero allontanati dalla città santa poco dopo la sua nascita, e avrebbero finalmente realizzato il nuovo città Ebraica laica di Tel Aviv, la loro nuova casa. È stato in una famiglia sionista laburista di questa città costiera che il giovane Yitzhak è cresciuto dall'età di un anno, come Sabra o Ebreo nativo. Questo accadeva in un tempo e in una società i cui figli erano fortemente influenzati dagli ideali sionisti dei loro genitori e furono pesantemente mobilitati in tenera età per contribuire a realizzare l'obiettivo di una patria per gli ebrei in Palestina in conformità con il Balfour del 1917 Dichiarazione.

Figlio di una madre che era una figura centrale nel

sottosuolo ebraico, il giovane Rabin avrebbe studiato agricoltura a Tel Aviv presso le scuole Beit Hinuch Le Yaldei ha'Ovdim e Givat HaShlosha, prima di iscriversi alla prestigiosa scuola biennale Kadoorie Agricultural High School nel 1937. Ma fu un anno dopo essersi unito all'organizzazione paramilitare Ebraica Haganah, che segnò l'inizio della sua carriera militare di 27 anni - iniziando come soldato del Palmach (la forza combattente d'élite dell'Haganah, che era l'esercito della comunità Ebraica o Yishuv nella Palestina britannica). L'Haganah divenne il nucleo del futuro esercito Israeliano in seguito alla proclamazione dell'indipendenza di Israele il 14 Maggio 1948 da parte di David Ben Gurion, il primo primo ministro Israeliano.

Mappa delle partizioni per la Palestina dall'Organizzazione delle Nazioni Unite

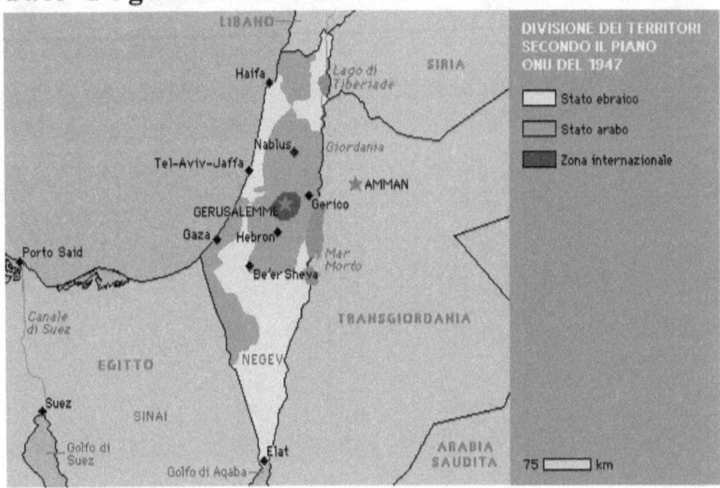

Si distinse nelle prime fasi della prima guerra Arabo-

Israeliana del 15 Maggio 1948- Marzo 1949 come comandante di brigata, e poi è salito di grado delle forze di difesa Israeliane (IDF — formate il 26 Maggio 1948 dall'Haganah, ei gruppi militanti Irgun e Lehi) prima di diventare capo delle operazioni per il fronte meridionale verso la fine della guerra, una posizione che gli valse un posto come membro della delegazione Israeliana ai colloqui di armistizio Israelo-Egiziano tenuti sull'isola di Rodi negli Stati Uniti, che ha portato agli accordi di armistizio del 1949 che hanno posto fine alla prima guerra Arabo-Israeliana.

Israele all'inizio della Prima Guerra Arabo-Israeliana

Mappa della partizione della Palestina da parte delle Nazioni Unite, la Prima Guerra Arabo-Israeliana e le sue Conseguenze

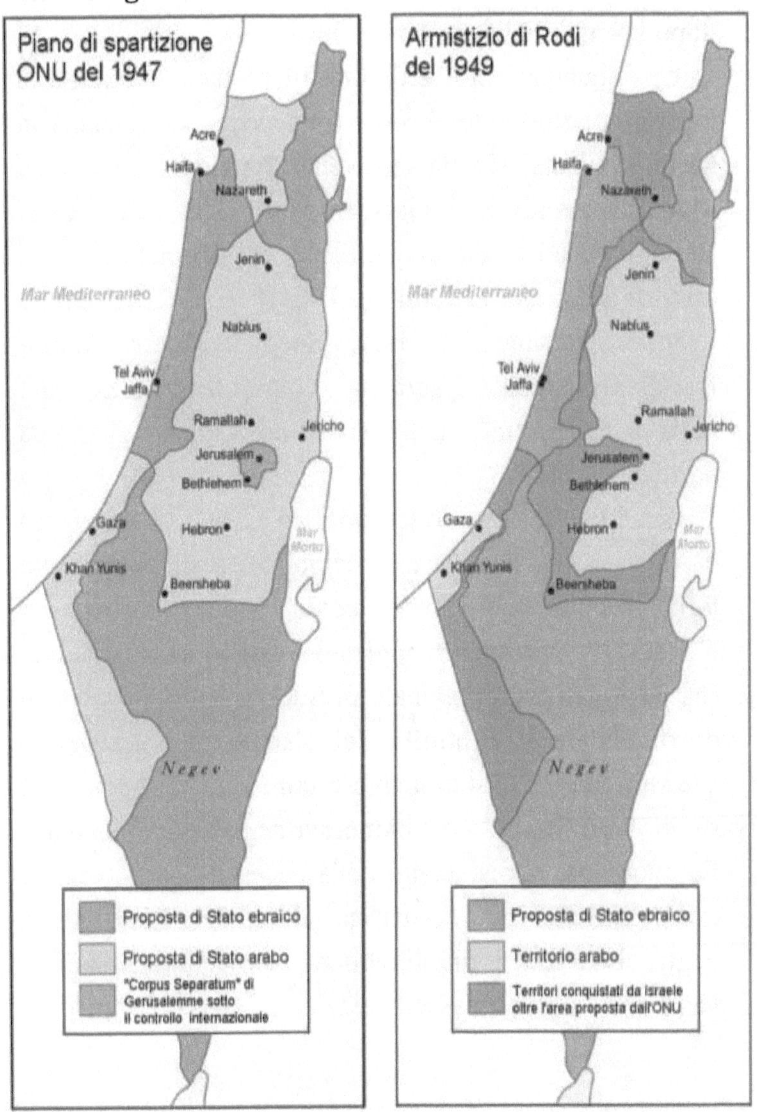

Yitzhak Rabin è passato alle forze di difesa Israeliane

(IDF) dopo la prima guerra Arabo-Israeliana o la guerra di indipendenza Israeliana, come il più anziano ex membro di Palmach che è rimasto nel nuovo esercito dopo la smobilitazione postbellica.

Così, quando le forze di difesa Israeliane entrarono in Egitto, conquistando il Sinai (una penisola Egiziana in Medio Oriente, situata attraverso l'Africa attraverso il Mar Rosso e il Canale di Suez) in alleanza con la Gran Bretagna e la Francia in quella che è conosciuta come la crisi di Suez dal 29 Ottobre, Dal 1956 al 7 Novembre 1956, ma altrimenti chiamata Seconda Guerra Arabo-Israeliana, Yitzhak Rabin ha svolto un ruolo centrale nella pianificazione e nell'esecuzione di questa guerra da parte di Israele.

Quando la pressione politica degli Stati Uniti d'America costrinse le tre nazioni invasori a ritirare le loro truppe, vanificando così i loro obiettivi di rovesciare il presidente Egiziano Gamal Abdel Nasser (ha nazionalizzato il Canale di Suez nel Luglio 1956) e di riprendere il controllo del Canale di Suez per il Western World, Rabin arrivò a comprendere appieno il ruolo degli Stati Uniti d'America negli affari mondiali. Fu allora che si rese conto della necessità per Israele di avere gli Stati Uniti d'America saldamente al suo fianco negli sforzi futuri che avrebbero avuto implicazioni di vasta portata per la nascente nazione.

La Crisi di Suez altrimenti chiamata la Seconda

Guerra Arabo-Israeliana
1956: Seconda Guerra Arabo – Israeliana
Canale di Suez

- La Crisi di Suez: un conflitto che nel 1956 vide l'Egitto (Nasser) opporsi all'occupazione militare del Canale di Suez da parte di Francia, Regno Unito ed Israele.
- La crisi si concluse quando l'URSS minacciò di intervenire al fianco dell'Egitto e gli Stati Uniti, temendo l'allargamento del conflitto, costrinsero britannici, francesi ed israeliani al ritiro.
- In prospettiva, il ruolo svolto da USA e URSS nel conflitto è oggi letto come il loro definitivo riconoscimento ad uniche superpotenze planetarie a discapito dell'Europa

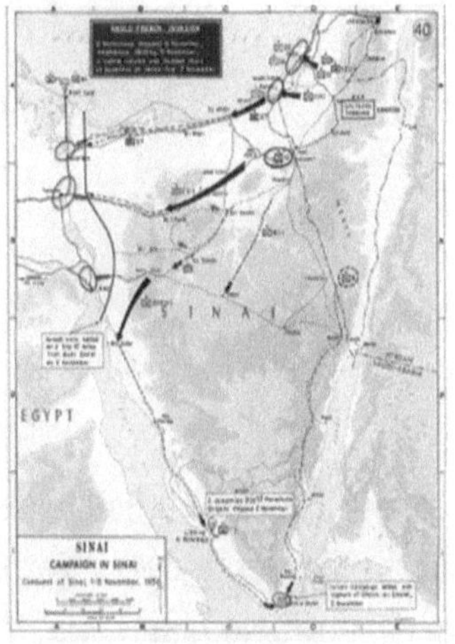

Capitolo Tre

Le fortune di Yitzhak Rabin nell'esercito sono aumentate più rapidamente dopo che David Ben Gurion è uscito dalla scena politica Israeliana nel 1963 dimettendosi da primo ministro e facendo di Levi Eshkol il suo successore. Rabin il generale si distinse ulteriormente nell'IDF dopo la sua nomina a capo di stato maggiore generale nel 1964, poiché avrebbe supervisionato i cambiamenti nell'esercito che portarono alla vittoria di Israele nella Guerra dei Sei Giorni del 1967, anche se il ministro della Difesa Moshe Dayan ne ottenne la maggior parte del merito.

La vittoria delle forze di difesa Israeliane (IDF) sugli eserciti di Egitto, Giordania e Siria, e la conquista della penisola del Sinai e della Striscia di Gaza, della Cisgiordania e di Gerusalemme Est, e delle alture del Golan da quei paesi rispettivamente, hanno aumentato il territorio di Israele più di tre volte e ha rafforzato l'orgoglio e la fiducia dello stato ebraico a livelli inimmaginabili. I migliori militari divennero celebrità a pieno titolo.

Mappa dei Cambiamenti Territoriali dopo la Guerra

dei Sei Giorni del 1967

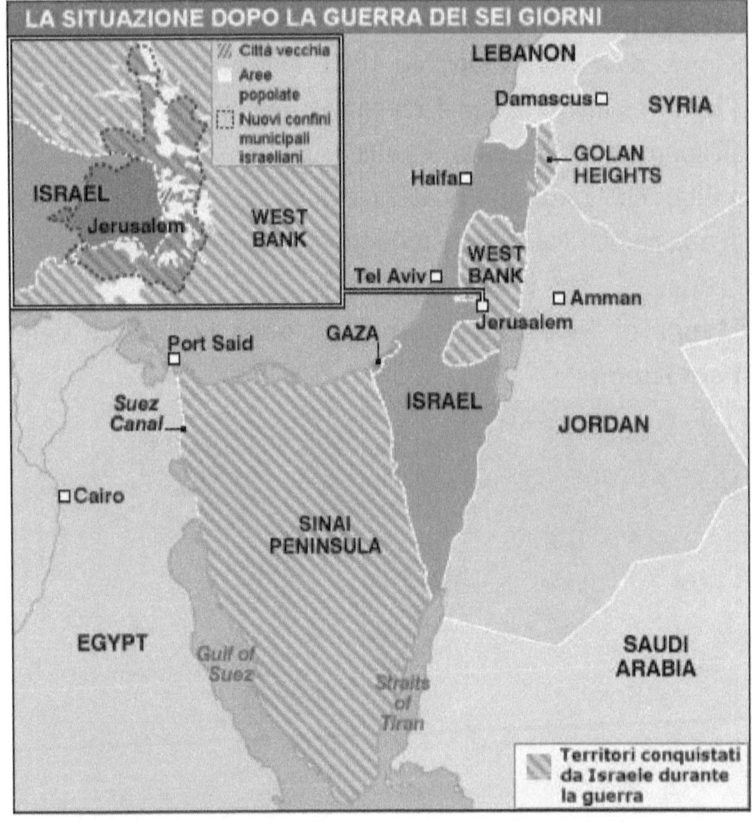

Fu in quella gloria che Rabin si ritirò dall'IDF e passò alla politica. Il governo del terzo primo ministro Israeliano Levi Eshkol ha attinto alla sua fama e lo ha nominato ambasciatore Israeliano negli Stati Uniti d'America nel 1968. Il mandato di Yitzhak Rabin come ambasciatore di Israele negli Stati Uniti dal 1968 al 1973 è stato un periodo di approfondimento degli Stati Uniti - Legami Israeliani che anche la morte di Levi Eshkol il 26 Febbraio 1969 mai rallentato. E Yitzhak Rabin ottiene il meritato merito per il rafforzamento delle relazioni USA-Israele, che si sono rivelate particolarmente utili durante la guerra dello Yom Kippur dal 6 al 25 Ottobre 1973, altrimenti nota come la Terza Guerra Arabo-Israeliana, mentre sovrintendeva all'approvvigionamento e alla consegna di rifornimenti militari che aiutavano Israele a evitare la sconfitta per mano di una coalizione di stati arabi guidati da Egitto e Siria.

Mappa di Israele, Egitto e Siria dopo la Guerra dello Yom Kippur

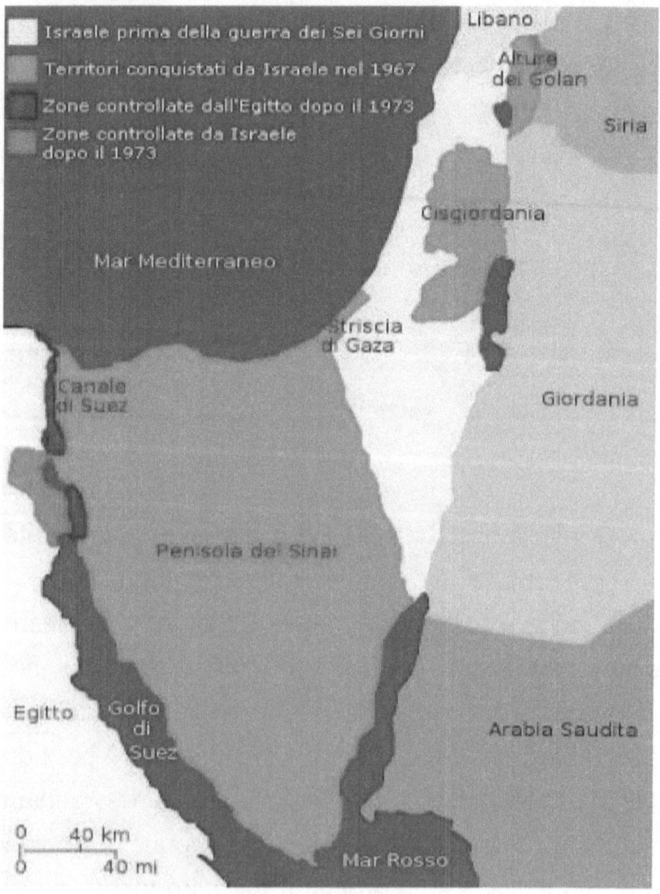

Rabin tornò in Israele dagli Stati Uniti e fu nominato Primo Ministro del paese nel 1974, in seguito alle dimissioni del successore di Levi Eshkol Golda Meir, la cui leadership fu in gran parte accusata delle battute d'arresto subite dalle forze di difesa Israeliane durante i primi giorni della guerra dello Yom Kippur, quando gli eserciti egiziano e Siriano fecero alcuni guadagni nella penisola del Sinai e nelle alture del Golan durante le prime fasi della guerra. Questo prima che fossero respinti da un contrattacco Israeliano verso e oltre le linee di cessate il fuoco prebelliche, e fino a quando gli Stati Uniti d'America e l'Unione Sovietica non elaborarono un secondo cessate il fuoco, che imposero alle parti in guerra, determinando così la fine della guerra.

Il primo momento saliente dei primi anni di Yitzhak Rabin come Primo Ministro di Israele è stata la firma dell'accordo interinale del Sinai da parte di Egitto e Israele il 4 Settembre 1975, in cui si affermava che il loro conflitto "non sarà risolto con la forza militare ma con mezzi pacifici...", e che richiesto anche a Israele a fare spazio "...per un ulteriore ritiro nel Sinai e una nuova zona cuscinetto delle Nazioni Unite." L'accordo non solo ha rafforzato l'impegno di entrambi i paesi a rispettare la Risoluzione 338 delle Nazioni Unite nel risolvere l'occupazione Israeliana della penisola del Sinai, ha anche aperto la strada a un eventuale accordo di pace alimentando le relazioni diplomatiche tra Egitto, Israele e Stati Uniti d'America.

Il secondo punto culminante del suo primo mandato come Primo Ministro fu il suo ordine del raid di Entebbe, altrimenti chiamato "Operazione Entebbe" o "Operazione Thunderbolt." Questa è stata la riuscita missione antiterrorismo e di salvataggio di ostaggi sotto copertura a lungo raggio condotta dai commandos dell'IDF che ha liberato 248 passeggeri dell'aereo di linea Air France Airbus A300, la maggior parte dei quali erano Israeliani tenuti in ostaggio all'aeroporto di Entebbe, Uganda, da due membri del Fronte Popolare per la Liberazione della Palestina–Operazioni Esterne (PFLP-EO), e da due membri delle Cellule Rivoluzionarie (uno dei gruppi terroristici di sinistra più pericolosi della Germania), che lavoravano tutti insieme.

Rabin si sarebbe dimesso dall'incarico l'8 Aprile 1977, per poi dimettersi dalla sua posizione nella direzione del partito e ritirare la sua candidatura a primo ministro per le imminenti elezioni legislative. Ciò avvenne in seguito allo scandalo finanziario del 1977, che derivò dalle rivelazioni secondo cui aveva violato le normative sulla valuta Israeliana mantenendo conti bancari esteri senza previa autorizzazione, anche se aveva aperto i conti in una banca di Washington, DC durante gli anni in cui ha lavorato negli Stati Uniti come ambasciatore di Israele (1968-73), e anche se i due conti bancari contenevano solo diecimila dollari.

Capitolo Quattro

Il partito di opposizione Likud sotto Menachem Begin avrebbe vinto le elezioni legislative Israeliane del Maggio 1977 e il partito laburista si sarebbe trovato all'opposizione per la prima volta nella storia Israeliana. Fu così che Yitzhak Rabin si trovò in disparte mentre il nuovo governo di Menachem Begin, sostenuto dall'eroe della guerra dello Yom Kippur del 1973 Ariel Sharon, negoziava e firmava gli accordi di Camp David sponsorizzati dagli Stati Uniti con il presidente egiziano Anwar Sadat, portando così a una soluzione pacifica dell'ala egiziano-Israeliana del conflitto Arabo-Israeliano. Mediato dal trentanovesimo presidente degli Stati Uniti Jimmy Carter, l'accordo sarebbe seguito sei mesi dopo dalla firma del Trattato di pace Egitto-Israele il 26 Marzo 1979. Il trattato ha portato:

- una svolta nelle relazioni tra Egitto e Israele attraverso un riconoscimento reciproco che ha reso l'Egitto il primo Paese del mondo Arabo a riconoscere l'esistenza di Israele.

- una normalizzazione delle relazioni tra Israele ed Egitto

- la fine dello stato di guerra trentennale tra Israele e

lo stato più popoloso del mondo Arabo.

- il ritiro totale e completo di tutte le forze militari e di sicurezza Israeliane dalla penisola del Sinai.

L'Egitto, da parte sua, ha accettato di fare della penisola del Sinai una zona smilitarizzata con una serie di regole concordate sulla gestione della necessità di una maggiore sicurezza nell'area.

Il fatto che il Partito Laburista fosse ora all'opposizione non ha impedito a Yitzhak Rabin di svolgere un ruolo attivo nella politica Israeliana. Dopo le sue dimissioni, è rimasto nei corridoi del potere, prestando servizio come membro della Knesset e facendo parte del Comitato per gli affari esteri e la difesa fino al 1984. In effetti, sarebbe stato ministro della difesa Israeliano dal 1984 al 1990 nei governi di unità nazionale guidato dai primi ministri Yitzhak Shamir e Shimon Peres, compresi gli anni della Prima Intifada—intensi dal 1987 al 1990, e incerti dal 1991 al 1993.

La Prima Intifada è stata una serie inarrestabile di proteste Palestinesi e rivolte violente contro l'occupazione Israeliana ormai ventennale della Striscia di Gaza e della Cisgiordania, conquistate rispettivamente dall'Egitto e dalla Giordania nella Guerra dei Sei Giorni. Fu durante il secondo anno dell'Intifada, dopo aver parlato con Palestinesi di diversi ceti sociali, che concluse che il conflitto con i Palestinesi poteva essere risolto solo con mezzi politici. Lo articolò succintamente a un intervistatore nel 1989 con le seguenti parole: "La soluzione può essere solo politica."

Tuttavia, la fase storica della carriera politica di Yitzhak Rabin è iniziata nel 1992, quando è stato rieletto primo ministro di Israele su una piattaforma per abbracciare il processo di pace Israelo-Palestinese. La Conferenza di pace di Madrid del 30 Ottobre - 1° novembre 1991 ospitata dalla Spagna e sponsorizzata dagli Stati Uniti d'America e dall'Unione Sovietica, in quello che è stato uno sforzo della comunità internazionale per rilanciare il processo di pace tra Israele e Palestinesi, anche tra Israele e altri paesi arabi, come la Giordania, il Libano e la Siria, ha dato il via a uno slancio su cui Rabin si è impegnato a costruire. Pensava che le condizioni fossero mature nella regione per fare la pace quando il 13 Luglio 1992 disse quanto segue alla Knesset Israeliana (Parlamento) che "Nella realtà attuale, ci sono solo due opzioni: o uno sforzo serio sarà fatto per fare la pace con la sicurezza ... o che vivremo per sempre di spada. "

Avrebbe costruito sulle sue parole e avrebbe reso il percorso per la ricerca della pace uno sforzo ufficiale, un'iniziativa da cui nacquero gli Accordi di Oslo il 13 Settembre 1993. Fu così che emerse per la prima volta la prospettiva di una pace globale nel Medio Oriente.

Yitzhak Rabin, il generale Israeliano che ha ideato la guerra di maggior successo nella storia di Israele, ha convinto il mondo di essere diventato un convinto sostenitore della pace tra Israele e il mondo Arabo durante un discorso tenuto al Congresso degli Stati Uniti il 26 Luglio 1994 alla presenza di Il Re Hussein bin Talal di Giordania, il presidente degli Stati Uniti Bill Clinton e i legislatori si sono riuniti lì quando ha dichiarato:

"Io, ID militare # 30743, generale in pensione delle forze di difesa Israeliane in passato, mi considero un soldato dell'esercito di pace oggi. Io, che ho servito il mio paese per 27 anni come soldato, vi dico, a vostra maestà, il Re di Giordania, vi dico amici Americani, oggi ci imbarchiamo in una battaglia che non ha né morti né feriti, niente sangue e niente angoscia. Questa è l'unica battaglia che è un piacere intraprendere, la battaglia per la pace."

Quindi, non fu una sorpresa quando il 14 Ottobre 1994, Yitzhak Rabin vinse il Premio Nobel per la Pace 1994, insieme al suo rivale politico di lunga data del Partito Laburista Shimon Peres e al leader Palestinese Yasser Arafat. Quando il 26 Ottobre 1994, un anno dopo gli accordi di Oslo, Israele firmò un trattato di pace con il Regno hashemita di Giordania, e Rabin strinse la mano al suo Re sotto il cui governo aveva guidato la cattura della Cisgiordania dalla Giordania nel 1967, il mondo è diventato ottimista sul fatto che avrebbe portato Israele a realizzare la pace globale in Medio Oriente. Infatti, mentre si muoveva verso un accordo definitivo con i Palestinesi, Rabin mirava anche a un accordo di pace con i Siriani sulle alture del Golan che Israele ha catturato dalla Siria nella guerra del 1967. Fiducioso sulle prospettive di pace, ha detto a un pubblico durante una conferenza del Premio Nobel il 10 Dicembre 1994 che *"C'è solo un mezzo radicale per santificare le vite umane. Non corazzate, carri armati, aerei o fortificazioni in cemento. L'unica soluzione radicale è la pace."*

Le forze intenzionate a distruggere il processo di pace Israelo-Palestinese sembravano inarrestabili nel 1995, poiché il gruppo militante Palestinese Hamas portava avanti una campagna incessante di attentati suicidi contro Israeliani e mentre le forze di destra in Israele facevano una campagna contro il primo ministro Israeliano, chiedendo la sua cacciata e la fine del processo di pace. Quando ha detto che "Dobbiamo combattere il terrorismo come se non ci fosse un processo di pace e lavorare per raggiungere la pace come se non ci fosse il terrore ...", stava semplicemente ribadendo la sua determinazione a concludere un accordo di pace con i Palestinesi nonostante gli attacchi terroristici degli estremisti Palestinesi gruppi.

Alcuni in Israele e nel resto del mondo videro arrivare l'assassinio di Yitzhak Rabin, quando Yigal Amir gli sparò più volte il 4 Novembre 1995 alle 21:30, alla fine di una manifestazione a sostegno degli accordi di Oslo presso la piazza dei Re di Israele a Tel Aviv. Morì sul tavolo operatorio per una grave perdita di sangue e un polmone perforato entro 40 minuti dopo essere stato colpito da Yigal Amir, appena un'ora dopo aver rafforzato la fede del campo della pace in Israele con queste parole memorabili:

"Sono stato un militare per ventisette anni. Ho combattuto fintanto che non c'erano prospettive di pace. Oggi credo che ci siano prospettive di pace, grandi prospettive. Dobbiamo approfittarne per il bene di coloro che stanno qui e per il bene di coloro che non stanno qui. E sono molti tra la nostra gente."

Il funerale e la sepoltura di Yitzhak Rabin hanno avuto

luogo il 6 Novembre 1995, presso il cimitero di Mount Herzl a Gerusalemme, dove è stato sepolto. Alle cerimonie hanno partecipato centinaia di leader mondiali, tra cui circa 80 capi di stato.

Capitolo Cinque

Yitzhak Rabin, il notevole soldato che divenne un campione per la pace, è diventato un simbolo del processo di pace Israelo-Palestinese dalla sua morte per i proiettili sparati da un assassino che si oppone alla natura della pace tra Israeliani e Palestinesi che il grande generale e statista Israeliano aveva abbracciato.

Oggi non esiste un accordo di pace finale tra Israele e i territori Palestinesi. Israele è stato dirottato dalle sue forze politiche di destra che ora controllano il governo e l'esercito; Hamas ora governa Gaza e l'autorità Palestinese si trova in uno stato di impotenza con il controllo di quasi metà del territorio Palestinese della Cisgiordania.

All'estero, strade e piazze prendono il nome dal primo ministro Israeliano assassinato nelle città tedesche di Bonn e Berlino; nelle città degli Stati Uniti di Chicago, Miami e New York; nella capitale spagnola Madrid e nella città Ucraina di Odessa. Il suo nome è prominente nei parchi della città canadese di Montreal, nella capitale Francese di Parigi, nella capitale Italiana di Roma e nella città peruviana di Lima.

In Israele, ponti, parchi, quartieri, scuole, strade, complessi di uffici governativi, centrali elettriche, sinagoghe e valichi di frontiera portano il nome di Yitzhak Rabin. In memoria del primo ministro Israeliano assassinato è stata costruita una biblioteca e un centro di ricerca chiamato Yitzhak Rabin Center. Il suo nome è onorato nella musica, nei Francobolli postali, nelle forze di difesa Israeliane (IDF) e nei centri di alta cultura in Israele e all'estero. La commemorazione del giorno dell'assassinio di Yitzhak Rabin come il suo Giorno della Memoria è considerata dalla maggior parte degli Israeliani il più alto riconoscimento della sua importanza nella storia Israeliana. Così, quando nel 2005 ha ricevuto postumo il *Dr. Rainer Hildebrandt Human Rights* Award che viene assegnato ogni anno ai suoi destinatari in riconoscimento del loro straordinario impegno non violento nei confronti dei diritti umani, molte persone non ne sono rimaste sorprese.

C'è una scuola di pensiero che se Yitzhak Rabin non fosse stato assassinato, avrebbe vinto le prossime elezioni generali e avrebbe usato il suo nuovo mandato per concludere un accordo di pace definitivo con l'autorità Palestinese sotto il suo presidente Yasser Arafat, portando così la pace al Medio Oriente e minando i gruppi islamici radicali in un processo che avrebbe impedito:

• gli attacchi terroristici dell'11 Settembre 2001 negli Stati Uniti

• la conseguente guerra al terrore che ha visto gli Stati Uniti invadere l'Afghanistan e l'Iraq

• la guerra tra Hamas e l'Autorità Palestinese che ha

portato al sequestro di Gaza da parte di Hamas

• la primavera araba

• le guerre civili in Libia e Yemen

• l'ascesa delle organizzazioni militari e politiche terroristiche, ispirate all'ideologia jihadista salafita, nota come Stato islamico (IS), ma anche chiamata Stato islamico di Iraq e Siria (ISIS) o Daesh in Arabo

• e la guerra civile in Siria.

Un'altra scuola di pensiero sostiene che Yasser Arafat avrebbe deluso Rabin. Questo gruppo è convinto che il leader Palestinese non abbia mai nutrito intenzioni di concludere una pace finale con Israele. Il principale sostenitore di questa opinione è Ehud Barak che, in qualità di Primo Ministro Israeliano dal 6 Luglio 1999 al 7 Marzo 2001, è salito al potere impegnandosi a realizzare il sogno di Rabin concludendo la pace tra Israele e Palestinesi. Ehud Barak ha incolpato Yasser Arafat per il fallimento del vertice di Camp David del 2000, che avrebbe dovuto portare a una risoluzione finale del conflitto Israelo-Palestinese, sostenendo che Yasser Arafat non aveva mai inteso raggiungere un accordo sulle questioni relative allo status finale riguardanti:

• Accordi di sicurezza tra Israele e il futuro Stato Palestinese

• Insediamenti ebraici nei territori Palestinesi occupati della Cisgiordania e di Gaza in quello che sarebbe diventato uno stato Palestinese

• Il Monte del Tempio di Gerusalemme, altrimenti chiamato dai musulmani Haram esh-Sharif, considerato il luogo più sacro del giudaismo e il terzo sito più sacro dell'Islam

- Rifugiati e diritto Palestinese al ritorno in Israele

- e Gerusalemme (la natura della sua divisione e sovranità)

L'Esplanade delle Moschee, noto in Arabo come Bayt al-Maqdis o al-Ḥaram aš-Šarīf, che significa "Il Nobile Santuario", e dagli ebrei come Il Monte del Tempio, è costituito dalla Cupola della Roccia, la Moschea Al-Aqs, ea destra sotto la spianata c'è il Muro Occidentale (Muro del Pianto)

Il fallimento del vertice di Camp David, le istigazioni Palestinesi e la visita del 28 Settembre 2020 del leader Israeliano del partito Likud Ariel Sharon al complesso del Monte del Tempio (che è il sito della Cupola della Roccia e della Moschea di Al-Aqsa), come una dichiarazione della sovranità Israeliana sul luogo sacro, ha innescato rivolte Palestinesi che hanno innescato la Seconda Intifada.

È stato sulla scia della seconda Intifada, altrimenti chiamata Al-Aqsa Intifada, che Ariel Sharon ha sfruttato i sentimenti di indurimento e le crescenti preoccupazioni per la sicurezza in Israele e ha sconfitto il capo del governo Israeliano in carica Ehud Barak nelle elezioni del 6 Febbraio 2001 per il Primo Ministro. La Seconda Intifada conclusa l'8 Febbraio 2005. Erano passati appena tre mesi dalla morte di Yasser Arafat l'11 Novembre 2004.

Israele sotto la linea dura del primo ministro Ariel Sharon ritirerebbe tutti i coloni ebrei e l'esercito Israeliano dalla Striscia di Gaza, il gruppo militante Palestinese Hamas si sbarazzerà dell'Autorità Palestinese nella Striscia di Gaza nel conflitto militare tra il 10 Giugno 2007 e il 15 Giugno 2007 tra Hamas e forze di Fatah. Ciò è avvenuto in seguito alla lotta per il potere tra i due dopo che Fatah ha perso le elezioni parlamentari del 2006 nella Striscia di Gaza contro Hamas. L'acquisizione della Striscia di Gaza da parte di Hamas ha causato il crollo del governo di unità Palestinese, così che i territori Palestinesi sotto il controllo Palestinese sono ora divisi in due entità de facto—la Striscia di Gaza sotto il controllo di Hamas, e la Cisgiordania dove circa la metà del territorio è sotto il controllo dell'Autorità Nazionale Palestinese, dominata da Fatah.

Anche se la sinistra non è mai tornata al potere in Israele dal 2001, e anche se Israele ha costruito una barriera in Cisgiordania durante la Seconda Intifada sulla base del fatto che era necessario fermare l'ondata di uccisioni politiche (attentati suicidi e sparatorie) all'interno di Israele che sono state eseguite dai Palestinesi della Cisgiordania.

Anche se altri piani di pace non sono riusciti a realizzare un trattato di pace tra Israele e Palestinesi, il sogno di Rabin di fare la pace con il mondo Arabo farebbe un passo avanti quando il 13 Agosto 2020, la mediazione degli Stati Uniti guidò gli Emirati Arabi Uniti (EAU) per normalizzare le relazioni con Israele concludendo l '"Accordo di pace degli accordi di Abraham: Trattato di pace, relazioni diplomatiche e piena normalizzazione tra gli Emirati Arabi Uniti e lo Stato di Israele", altrimenti chiamato "Accordi di Abraham." L'accordo è stato seguito dalla firma di un Trattato di pace tra Israele e gli Emirati Arabi Uniti il 15 Settembre 2020, rendendo gli Emirati Arabi Uniti il terzo paese nel mondo Arabo dopo l'Egitto e la Giordania a concludere la pace con Israele e cooperare con esso su temi di economia, diplomazia e su altri fronti.

Yitzhak Rabin, il Sabra che ha servito la terra natale e il paese per tutta la vita come soldato, politico e statista, avrebbe potuto costringere Yasser Arafat a superare le sue inibizioni interiore fare i sacrifici per la pace che erano necessari per fondare uno stato Palestinese indipendente; e Yitzhak Rabin aveva la fiducia, il rispetto e il timore reverenziale del mondo Arabo, sostengono alcuni esperti. Qualunque sia la speculazione, il timido ragazzo che è diventato uno dei più grandi leader militari di Israele, e il centro del suo lungo viaggio verso la pace con i suoi vicini arabi e musulmani sarà per sempre pianto da coloro che sognano o hanno sognato la pace tra Israele e il mondo Arabo e il mondo Musulmano.

Yitzhak Rabin di Israele, Bill Clinton degli USA e il leader Palestinese Yasser Arafat alla firma degli accordi di Oslo

Yitzhak Rabin di Israele e Re Hussein di Giordania